항상 버팀목이 되어 주신 제프리 닌버그 박사님께
—캐서린 크럴과 폴 브루어

변함없이 밤하늘을 바라보고 있는 여러분을 위해
—보리스 쿨리코프

"나는 아직 자라지 않은 아이일 뿐입니다.
끊임없이 '어떻게', '왜'라고 질문하고,
가끔은 답을 찾아내기도 합니다."
—스티븐 호킹

세상을 바꾼 호기심

휠체어 위의 천재 물리학자 스티븐 호킹 이야기

캐슬린 크럴, 폴 브루어 글
보리스 쿨리코프 그림 양진희 옮김

영국에서 태어난 스티븐 호킹은
밤낮으로 책을 읽고 공부하는 부모님 밑에서 질문을 하며 자랐어요.
호킹 가족은 모두가 책을 읽느라
아무 말도 하지 않고 저녁 식사를 할 때가 많았어요.

어떤 날에는 오페라 음악을 크게 틀어 놓고
벌통을 돌보거나 폭죽을 만들었어요.
여름날 밤이면 호킹 가족은 뒷마당에 드러누워
별을 바라보았어요.

스티븐은 라디오와 시계를 분해해서 어떤 원리로 돌아가는지 알아보는 것을 좋아했어요. 분해했던 것들을 원래대로 맞추어 놓는 건 재미없어했지만요. 스티븐이 가장 좋아하는 장난감은 모형 기차나 모형 비행기, 모형 배와 같이 자기 마음대로 조종할 수 있는 것들이었어요.

열두 살 때, 스티븐은 자기처럼
세상이 어떻게, 왜 움직이는지
묻기 좋아하는 똑똑한 친구들과 친하게 지냈어요.
스티븐과 친구들은 우주가 어떻게 시작되었는지,
그리고 다른 중요한 문제들에 대하여
오랫동안 토론했어요.
수많은 등장인물이 나오고, 규칙이 복잡하고 어려운
자신들만의 보드게임도 만들어
함께 놀았어요.

수학 선생님인 디크란 타흐타의 도움으로,
스티븐과 친구들은 보드게임에서 초보적인 수준의 컴퓨터를
만드는 것으로 발전했어요. 스티븐과 친구들은
시계와 낡은 전화 교환기, 그 밖에 다른 재활용 부속품을 사용하여
간단한 수학 문제를 풀 수 있는 기계를 완성했어요.
대부분의 사람들이 컴퓨터가 무엇인지 알기 전인
1958년의 일이었어요.

타흐타 선생님은 스티븐을 물리학의 세계로 이끌어 주었어요.
물리학은 에너지와 운동, 시간을 연구하는 과학이에요.
스티븐은 입학시험 공부를 열심히 하지 않았는데도 대학에 합격하고,
물리학 과목에서 만점을 받아 장학금도 받았어요.
스티븐은 항상 자신의 성공을 타흐타 선생님에게 돌렸어요.
"우리 각자가 살아가면서 무엇을 할 수 있을지에 대해 생각할 때,
그 일을 할 수 있는 것은 아마도 선생님 덕분일 것입니다."

열일곱 살 때, 스티븐은 옥스퍼드 대학교에 들어갔어요. 아버지와 어머니도 옥스퍼드 대학교를 다녔는데, 그때만 해도 여자가 대학에 다니는 것은 흔치 않은 일이었어요.

다른 학생들보다 나이가 어렸던 스티븐은 처음에는 외톨이로 지냈어요. 스티븐은 학교 공부 대신 공상 과학 소설에 푹 빠져 시간을 보냈어요. 수업 시간에 필기를 전혀 하지 않았고, 교과서를 사서 강의 내용이 틀린 데는 없는지 확인만 했어요.

스티븐은 좋은 성적은 쉽게 받았지만, 새로운 친구를 사귀는 것을 어려워했어요.
조정 선수가 인기가 많았기 때문에 스티븐은 조정부에 들어가기로 마음먹었고,
거기서 자신의 능력을 꽃피웠어요.

몸집이 작은 스티븐은 노를 젓는 선수가 아니라 앞에서 배의 방향을 가리키는
키잡이가 되었어요. 스티븐은 여덟 명의 건장한 선수들을 지휘하는 것을 좋아했지만,
일부러 경쟁 팀의 보트 쪽으로 노를 저어 가는 선수들의 거친 행동은
참을 수가 없었어요.

그런데 무슨 까닭인지 배를 조종하기가 점점 힘들어졌어요.
항상 모든 걸 자기 마음대로 하고 싶어 하던 스티븐은 자기 몸 하나도
마음대로 하지 못하게 되었어요. 구두끈을 묶기가 어려워졌고,
자꾸 말을 어눌하게 했어요. 계단에서 굴러떨어지기까지 했어요.
이런 문제들을 비밀로 한 채 스티븐은 대학을 졸업했고,
우주 과학 분야의 고급 학위 과정을 공부하기 위해
케임브리지 대학원에 입학했어요.

어느 날, 집에 온 스티븐은 어머니와 함께
스케이트를 타다가 넘어져서 일어나지 못했어요.
걱정이 된 부모님은 스티븐을 병원으로 데려가 자세히 검사를 받게 했어요.
몇 주 동안 스티븐은 여러 가지 고통스러운 검사를 받았어요.
검사 결과는 좋지 않았어요.
스티븐은 루게릭병으로 불리는 '근위축성 측색 경화증' 진단을 받았어요.
이 병은 신경 세포들이 파괴되면서 움직이고 말하게 해 주는 근육은 물론,
숨쉴 수 있게 해 주는 근육들까지 마비되는 병이에요.
스물한 살 때, 스티븐은 앞으로 2년밖에 살 수 없다는 말을 들었어요.

엄청난 충격을 받은 스티븐은 한동안 아무도 만나지 않고 오페라 음악을 들으며
혼자 시간을 보냈어요. 새 여자 친구인 제인 와일드도 만나지 않았어요.
하지만 스티븐은 병원에서 같은 병실을 썼던, 암으로 고통스럽게 죽어 가던
어린 소년을 떠올렸어요. 세상에는 자기보다 훨씬 더 나쁜 상황에 놓여 있는
사람들이 있다는 것을요.

스티븐에게 기쁨을 주는 것은 머릿속에서 세계를 창조하고
탐구하는 일이었어요. 병이 뇌에는 영향을 미치지 않았기
때문에 스티븐은 그 일을 계속할 수 있었어요.
스티븐에게 일은 '우주 게임'이란 게임을 하는 것과 같았고,
다행히 스티븐은 여전히 게임을 할 수 있었어요.
스티븐은 자신에게 부족했던 점이 무엇인지 깨달았어요.
뒷날 스티븐은 말했어요.
"루게릭병이라는 진단을 받기 전까지
나는 사는 게 너무 지루했습니다."
루게릭병은 스티븐을 더욱 창의적으로 만들어 주었어요.
"나는 머릿속에서 우주를 여행하며 우주가 어떻게 움직이는지
상상해 보려고 노력해야만 했습니다."

스티븐이 일을 계속하게 된 또 다른 이유가 있었어요. 스티븐은 제인과 깊은 사랑에 빠졌고,
제인과 결혼하기 위해서는 학위를 마치고 자신의 분야에서 직업을 가져야만 했어요.
스티븐은 말했어요.
"제인과의 약혼은 내 삶을 바꾸어 놓았고, 내가 살아갈 목표를 주었습니다."
제인은 영감을 주는 사람 그 이상이었어요. 다른 사람에게 도움받는 것을 몹시 싫어했던
스티븐은 의학적 처치에서부터 논문을 타이핑하는 일까지 모든 것을 제인에게 의지했어요.

스티븐은 목발 없이는 걷기가 힘들어졌고, 스티븐이 하는 말은
점점 더 알아듣기 어려워졌어요. 음식을 먹는 것과 목욕하는 것도 힘들어졌고,
숨이 막힐 듯한 끔찍한 고통이 스티븐을 괴롭혔어요. 손가락이 구부러지기 시작하면서
스티븐은 손가락도 마음대로 움직일 수 없게 되었어요.

하지만 의사들에게 2년밖에 살 수 없다는 말을 들은 지 4년 뒤, 스티븐과 제인은 첫아이를 낳았어요. 스티븐은 로버트가 태어난 것을 살면서 가장 기뻤던 순간이라고 말했어요. 루시와 티모시가 뒤이어 태어났어요. 스티븐은 할 수 있는 한 아이들과 함께 노는 것을 좋아했어요. 체스와 모노폴리 같은 보드게임을 하면서요.

스티븐은 언젠가 말했어요.
"사랑하는 사람들이 살고 있지 않다면, 우주는 대단한 곳이 아닐 것입니다."

스티븐은 손으로 쓰는 능력을 잃었지만,
기억력은 초능력을 발휘했어요.
학생들에게 아주 복잡하고 어려운 방정식을
모두 외워서 가르친 적도 있어요.
스티븐의 강의를 점점 더 알아들을 수 없게 되자,
스티븐을 잘 아는 사람들이
옆에서 내용을 설명해 주었어요.

스티븐은 할 수 있는 한 매일 밤 힘겹게 계단을 올라가 혼자 힘으로
잠자리에 들 준비를 했어요. 천천히 한 계단씩 올라가느라 시간이 너무 오래 걸려서,
그동안 머릿속으로 여러 가지 계산을 하면서 지루함을 달랬어요.
스티븐은 휠체어 타는 것을 계속 미뤄 왔어요. 그러다가 1960년대 말에
어쩔 수 없이 휠체어를 타게 되었는데, 스티븐은 휠체어를 거칠게 운전하는
것으로 악명이 높았어요. 천연덕스럽게 농담을 하며 실수인 척
마음에 들지 않는 사람들의 발끝을 밟고 지나간다는 소문이 돌았어요.
스티븐은 그 소문은 맹세코 사실이 아니라고 말했어요.
"계속 그런 소문을 퍼뜨리는 사람은 누구든지 그 발끝을 밟고 지나갈 거예요."

질문을 결코 멈추지 않았던 스티븐은 마침내 답을 찾기 시작했어요.
서른한 살 때인 1973년, 스티븐은 첫 책을 냈어요.
우주가 하나의 점에서 시작하여, 빠르게 팽창하면서 모든 것을 이루는 구성 물질들을
어둠 속으로 내뿜었다는 것을 보여 주는 책이었어요.
우리는 이것을 모든 시간과 공간의 시작인 '빅뱅'이라고 불러요.
하지만 스티븐은 자신의 책이 너무 어려워 읽기 힘들다고 했는데,
실제로도 많이 팔리지 않았어요.

이듬해, 스티븐은 별들이 죽을 때 생겨나는 신비한 장소인 블랙홀에 대한
새로운 사실을 발견했어요. 과학자들은 블랙홀이 그 안에 떨어지는 것은
무엇이든지 빨아들여서 아무것도 빠져나올 수 없다고 믿었어요.
스티븐은 블랙홀이 완전히 검지는 않으며, 실제로 에너지가 방출되며
빛이 새어 나올 수 있다는 사실을 발견했어요. '호킹 복사'로 알려진
이 믿기 어려울 정도로 놀라운 발견에 대한 소식이 퍼지며,
스티븐은 세계적으로 이름이 알려지기 시작했어요.

5년 뒤, 스티븐 호킹은 케임브리지 대학교의 루카스 석좌 교수가 되었어요.
천재 과학자 아이작 뉴턴이 맡았던 명예로운 자리였어요. 그 행사의 하나로,
호킹은 서류에 서명을 해야 했어요. 호킹은 아주 힘겹게 자기 이름을 썼는데,
그것이 손으로 쓴 마지막 서명이었어요.
친구들과 학생들이 장애를 해결할 수 있는 장치를 만들어 주었지만,
호킹은 더 많은 도움이 필요했어요.
1980년에 호킹은 마침내 전문 간호사들의 간호를 받기로 했어요.
간호사들의 도움으로 호킹은 더 많은 질문을 할 수 있게 되었어요.

간호를 받는 비용이 점점 더 많이 들자,
호킹은 돈을 마련하기 위해 자신의 연구에 대한 책을
쓰기 시작했어요. 호킹은 말했어요.
"내 목표는 단순합니다. 우주가 어떻게 시작되었고
왜 존재하는지, 우주에 대해 완전히 이해하는 것입니다."
이번에 호킹은 과학자뿐만 아니라 모든 사람들이
이해할 수 있는 책을 쓰기로 결심했어요.
책을 쓰는 건 몹시 힘들고 고통스런 일이었어요.
다 쓴 원고를 다듬는 일도 그다지 즐겁지 않았어요.

마침내 『시간의 역사: 빅뱅에서 블랙홀까지』가 완성되었어요.

이 책은 최고의 베스트셀러가 되어 사람들을 놀라게 했어요.

사람들이 무척이나 알고 싶어 하는 우주의 비밀이 한 권의 책에 모두 설명되어 있었어요.

호킹이 바라던 것만큼 이해하기 쉽지는 않았지만,

사람들은 그 책을 갖고 있는 것만으로도 더 똑똑해진 느낌이었어요.

읽지 않고 탁자 위에 놓아두기만 해도 말이에요.

비록 마음대로 움직일 수 없는 몸 안에 갇혀 있을지라도, 호킹의 천재적인 생각은
경외심을 불러일으켰어요. 믿어지지 않을 만큼 강인한 정신력의 승리였어요.

세계 여러 곳에서 상을 받게 되어, 호킹은 갈 수 있을 때마다 상을 받기 위해
여행을 했어요. 어디서나 호킹을 알아보았어요.
호킹은 자신의 호텔 방에서 파티를 열어 사람들을 즐겁게 해 주고,
번쩍이는 불빛 아래서 새벽까지 휠체어 춤을 추며 명성을 누렸어요.
호킹은 말했어요.
"내가 생각을 많이 한다고 해서, 파티를 좋아하지 않거나 말썽을 일으키지 않는 건 아닙니다."

1985년, 의사들은 폐렴과 힘겹게 싸우는 호킹이
숨을 쉴 수 있도록 목에 관을 끼워 넣었어요.
호킹은 영원히 목소리를 잃게 되었어요.

미국의 컴퓨터 전문가가 호킹의 휠체어에 컴퓨터 음성 합성 장치를 달아 주었어요.
호킹은 이제 미국식 말투의 로봇 목소리로 말했어요.
호킹은 건강이 너무 나빠져서 결국 하루 24시간 내내 간호를 받아야 했어요.
하지만 어느 정도 건강이 나아지면, 호킹은 학생들과 팬들에 둘러싸여
마치 로마 시대의 전차를 탄 것처럼 휠체어를 굴려 방으로 들어가곤 했어요.

스티븐 호킹은 대중문화 속으로 들어가,「스타 트렉: 넥스트 제너레이션」,「심슨 가족」,
「빅뱅 이론」에 출연하여 사람들을 즐겁게 해 주었어요. 대부분의 학자들과 달리,
호킹은 토크쇼에서 우스갯소리를 하고 자신을 웃음거리로 만드는 것도 주저하지 않았어요.
"재미가 없다면 인생은 비극일 것입니다."
호킹은 힘주어 말했어요.

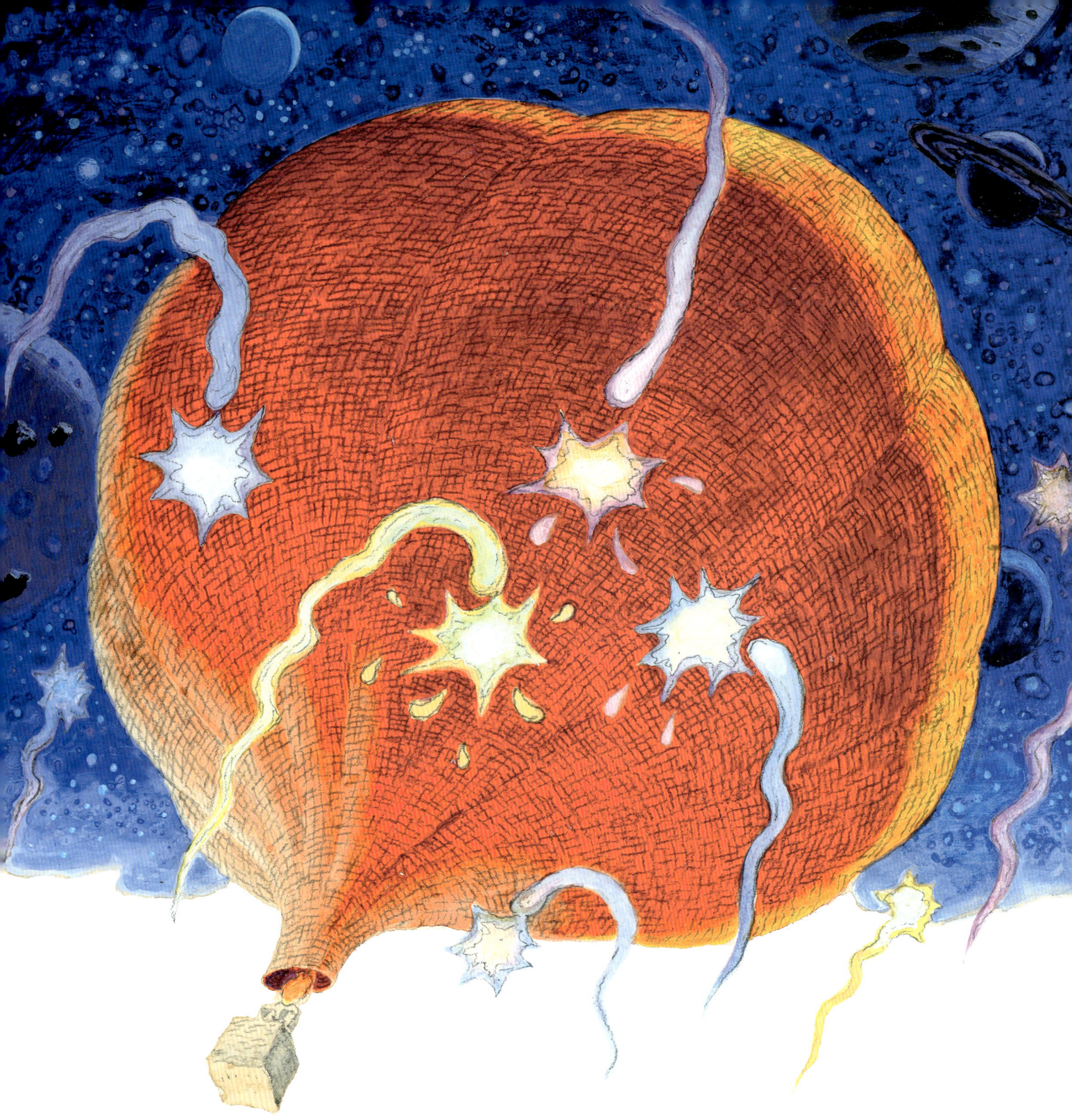

호킹은 해마다 생일날에 흥겨운 파티를 열어
자신이 몇 년을 더 살았는지 축하하는 폭죽을 터뜨렸어요.
의사들이 말했던 것보다 40년 가까이 더 오래 산 예순 번째 생일날,
호킹은 휠체어에 맞게 만든 열기구를 탔어요.

65세가 되었을 때, 호킹은 최초의 우주 여행객 중 한 사람이 되고 싶어 했어요.
플로리다에 있는 우주 센터를 방문했을 때, 호킹은 특별한 비행기를 타고
휠체어 없이 자유롭게 공중에 둥둥 떠다니며 무중력의 기쁨을 맛보았어요.
호킹이 외쳤어요.
"우주야, 내가 간다!"

그 뒤 2년이 채 안 되어 호킹의 몸은 거의 다 마비되었어요. 하지만 호킹은 변함없이 앞을 내다보며 다른 행성에서 생명체를 찾고, 앱으로 일을 하고, 페이스북에 가입하여 여행을 하면서 느끼는 즐거움을 전했어요. 2011년에 호킹은 말했어요.
"나는 죽기를 서두르지 않을 것입니다. 하고 싶은 일이 너무 많으니까요."
병원에 입원하는 바람에 호킹은 2012년에 일흔 번째 생일 파티를 할 수 없었어요. 하지만 그해 여름, 런던에서 열린 하계 장애인 올림픽 개막식에서 연설을 했어요.
"우리는 모두 다릅니다. ……하지만 우리는 똑같은 인간 정신을 가지고 있습니다."

73세가 되었을 때, 호킹은 플루토 파티를 열었어요.
사람들은 모두 우주에 있는 천체처럼 꾸며야 했어요.
호킹 자신은 로마 신화에 나오는 지하 세계의 신,
플루토처럼 꾸몄어요. 생일 때마다 하는 폭죽놀이를
시작하기 전, 호킹은 파티에 참석한 사람들에게
우주 탐사를 후원해 달라고 부탁했어요.

호킹은 끊임없이 질문하고, 발견하고, 사회 정의와 세계에서 일어나는 일들,
그리고 장애인의 권리에 대한 자신의 의견을 말했어요.
과학 기사를 쓴 지 꼭 열흘 만에, 호킹은 76세의 나이로 집에서 평화롭게
숨을 거두었어요. 세계에서 가장 오래 산 루게릭병 환자 중 한 명이었어요.

호킹이 던진 질문들은 과학적 사고의 새로운 문을 활짝 열었어요.
그뿐만 아니라 질문에 대한 답을 찾으면서 호킹은
아무도 흉내낼 수 없는 자신만의 유쾌함으로 사람들에게 감동을 주었어요.
"상을 받기 위해서 물리학을 연구하는 사람은 없습니다.
물리학 연구란 이전엔 누구도 알지 못했던 것을 발견하는 기쁨입니다."
언제나 뛰어난 유머 감각과 열정으로 스티븐 호킹은
과학을 앞으로 나아가게 했어요.

스티븐 호킹에 대하여

스티븐 호킹은 1942년 1월 8일, 영국 옥스퍼드에서 태어났어요. 이날은 현대 물리학의 창시자인 갈릴레이가 세상을 떠난 지 꼭 300주년이 되는 날이었는데, 운명처럼 호킹은 우주 탄생의 비밀을 찾는 데 평생을 바쳤어요. 호킹의 아버지는 옥스퍼드 대학교를 나와 열대병을 연구하는 의사이자 과학자였어요. 어머니 역시 옥스퍼드 대학교를 나왔는데, 학구적인 호킹 가족은 모두 책을 읽느라 아무 말도 하지 않고 식사할 때가 많았어요.

어린 시절, 호킹은 늘 호기심에 가득 찬 아이였어요. 학교 성적이 뛰어나진 않았지만 수학과 물리학을 좋아했고, 초보적인 수준이긴 하지만 친구들과 함께 컴퓨터를 만들기도 했어요. 1959년, 17세의 나이로 옥스퍼드 대학교에 입학한 후 물리학에 천재성을 발휘하였고, 3년 뒤에는 케임브리지 대학원에 입학하면서 우주론에 발을 들여놓게 되었어요.

과학자로서 밝은 미래를 꿈꾸던 호킹에게 루게릭병으로 불리는 '근위축성 측색 경화증'이라는 병마가 찾아온 것은 스물한 살 때였어요. 앞으로 2년밖에 살 수 없다는 시한부 선고를 받았지만, 호킹은 좌절하지 않고 자신의 삶과 연구를 더 열정적으로 이어 갔어요. 걷기는 물론 글씨도 제대로 쓸 수 없었지만, 몸이 굳어 갈수록 정신세계는 더욱 넓어져 우주론과 이론 물리학 분야에 놀라운 업적을 남겼어요. 우주가 한 특이점에서 탄생했음을 수학적으로 증명했고, 블랙홀에서 에너지가 방출될 수 있다는 '호킹 복사'를 발견하기도 했어요.

병세가 더욱 악화되어 몸을 거의 움직이지 못하게 되고, 1985년 폐렴으로 목소리를 잃어 컴퓨터 음성 합성 장치에 의존해야 했지만, 호킹은 신체적 고통 속에서도 삶에 대한 긍정과 유쾌함을 잃지 않으며 인간 정신의 위대함을 보여 주었어요.

호킹은 2009년까지 30년간 케임브리지 대학교의 루카스 석좌 교수를 지냈고, 자신의 과학적 성과를 쉽게 풀어 쓴 『시간의 역사』는 1988년 출간된 이후 지금까지 전 세계적으로 1000만 부 이상 팔려 많은 사람이 우주에 한 발짝 더 가까이 다가서게 해 주었어요.

2018년 3월 14일, 스티븐 호킹은 76세의 나이로 평화롭게 숨을 거두었어요. 이날은 위대한 과학자 아인슈타인이 태어난 지 139년이 되는 날이기도 했어요. 끝없는 호기심으로 삶의 마지막 순간까지 우주를 향한 질문과 생각을 멈추지 않았던 스티븐 호킹은 갈릴레이, 뉴턴, 아인슈타인과 어깨를 나란히 하며 역사상 가장 유명한 과학자 중 한 사람이 되었어요.

캐슬린 크럴 글

어린이를 위한 인물 그림책을 많이 펴내는 작가로 유명합니다. 2009년 스쿨 라이브러리 저널
'올해 최고의 책'으로 선정된 『TV를 발명한 소년』을 비롯해 『방귀대장 조』, 『아이작 뉴턴』,
『지그문트 프로이트』, 『별을 보는 아이』 등을 지었습니다. 현재 미국 샌디에이고에서 살고 있습니다.

폴 브루어 글

아내인 캐슬린 크럴과 이 책을 비롯해 여러 권의 어린이책을 함께 썼으며, 『농담하는 거지?』를 쓰고 그렸습니다.

보리스 쿨리코프 그림

러시아에서 태어나 상트페테르부르크 연극음악영화학교를 졸업했습니다. 그린 책으로 스쿨라이브러리 저널
'올해의 책'으로 선정된 『아빠는 발명왕』을 비롯해, 『낱말 수집가 맥스』, 『실수해도 괜찮아』, 『방귀대장 조』,
『여섯 개의 점』 등이 있습니다. 현재 미국 뉴욕 브루클린에서 살고 있습니다.

양진희 옮김

연세대학교 불어불문학과를 졸업하고, 프랑스 파리4대학에서 불어학 박사 과정을 수료했습니다.
옮긴 책으로 『새똥과 전쟁』, 『크록텔레 가족』, 『자유가 뭐예요?』, 『내 마음이 자라는 생각 사전』, 『여섯 개의 점』,
『나는 반대합니다』, 『색이 가득한 주머니』, 『루브 골드버그처럼』, 『전기의 마법사』 등이 있습니다.

세상을 바꾼 호기심

휠체어 위의 천재 물리학자 스티븐 호킹 이야기

초판 1쇄 발행 | 2021년 2월 15일 **초판 2쇄 발행** | 2022년 6월 5일
지은이 | 캐슬린 크럴, 폴 브루어 **그린이** | 보리스 쿨리코프 **옮긴이** | 양진희
펴낸이 | 양진오 **펴낸곳** | (주)교학사 **등록일** | 1962년 6월 26일 제18-7호
주소 | 서울특별시 금천구 가산디지털1로 42(공장) 서울특별시 마포구 마포대로 14길 4(사무소)
전화 | 편집부 (02)7075-328 · 영업부 (02)7075-147 **팩스** | (02)839-2505
홈페이지 | www.kyohak.co.kr **편집** | 김인애, 김길선

STAY CURIOUS! : A brief History of Stephen Hawking
Text copyright © 2020 by Kathleen Krull and Paul Brewer
Jacket art and interior illustrations copyright © 2020 by Boris Kulikov
All rights reserved.
This Korean edition was published by Kyohak Publishing Co., Ltd. in 2021 by arrangement with
Random House Children's Books, a division of Penguin Random House LLC
through KCC(Korea Copyright Center Inc.), Seoul.

이 책은 (주)한국저작권센터(KCC)를 통한 저작권자와의 독점계약으로 (주)교학사에서 출간되었습니다.
저작권법에 의해 한국 내에서 보호를 받는 저작물이므로 무단 전재와 복제를 금합니다.

ISBN 978-89-09-54517-4 74800

함께자람은 (주)교학사의 유아·어린이책 브랜드입니다.